中国文化知识读本

Zhongguo Wenhua
Zhishi Duben

乐山大佛

主编　金开诚

编著　姜莉丽

吉林出版集团有限责任公司

吉林文史出版社

图书在版编目（CIP）数据

乐山大佛 / 姜莉丽编著 .—长春：吉林出版集团
有限责任公司：吉林文史出版社，2009.12（2022.1 重印）
（中国文化知识读本）
ISBN 978-7-5463-1286-6

Ⅰ.①乐… Ⅱ.①姜… Ⅲ.①摩崖造像－佛像－简介
－乐山市 Ⅳ.① K879.3

中国版本图书馆 CIP 数据核字（2009）第 223050 号

乐山大佛

LESHAN DAFO

主编/ 金开诚 编著/姜莉丽

项目负责/崔博华 责任编辑/曹恒 于涉

责任校对/王凤翎 装帧设计/曹恒

出版发行/吉林文史出版社 吉林出版集团有限责任公司

地址/长春市人民大街4646号 邮编/130021

电话/0431-86037503 传真/0431-86037589

印刷/三河市金兆印刷装订有限公司

版次/2009 年 12 月第 1 版 2022 年 1 月第 8 次印刷

开本/650mm×960mm 1/16

印张/8 字数/30千

书号/ISBN 978-7-5463-1286-6

定价/34.80元

关于《中国文化知识读本》

　　文化是一种社会现象，是人类物质文明和精神文明有机融合的产物；同时又是一种历史现象，是社会的历史沉积。当今世界，随着经济全球化进程的加快，人们也越来越重视本民族的文化。我们只有加强对本民族文化的继承和创新，才能更好地弘扬民族精神，增强民族凝聚力。历史经验告诉我们，任何一个民族要想屹立于世界民族之林，必须具有自尊、自信、自强的民族意识。文化是维系一个民族生存和发展的强大动力。一个民族的存在依赖文化，文化的解体就是一个民族的消亡。

　　随着我国综合国力的日益强大，广大民众对重塑民族自尊心和自豪感的愿望日益迫切。作为民族大家庭中的一员，将源远流长、博大精深的中国文化继承并传播给广大群众，特别是青年一代，是我们出版人义不容辞的责任。

　　《中国文化知识读本》是由吉林出版集团有限责任公司和吉林文史出版社组织国内知名专家学者编写的一套旨在传播中华五千年优秀传统文化，提高全民文化修养的大型知识读本。该书在深入挖掘和整理中华优秀传统文化成果的同时，结合社会发展，注入了时代精神。书中优美生动的文字、简明通俗的语言、图文并茂的形式，把中国文化中的物态文化、制度文化、行为文化、精神文化等知识要点全面展示给读者。点点滴滴的文化知识仿佛繁星，组成了灿烂辉煌的中国文化的天穹。

　　希望本书能为弘扬中华五千年优秀传统文化、增强各民族团结、构建社会主义和谐社会尽一份绵薄之力，也坚信我们的中华民族一定能够早日实现伟大复兴！

目录

一 凌云山与乐山大佛

憨态可掬的弥勒佛像

乐山大佛所在的凌云山位于乐山城东的岷江、青衣江和大渡河三江汇合处，与乐山城一水之隔。凌云山海拔 448 米，周长约 3.5 公里，面积约 0.6 平方公里。山势连绵，巍峨险峻，峰峦错落，林木葱茏，俯视浩瀚三江。因拥有集凤、栖鸾、灵宝、丹霞、拥翠、望云、就日、兑悦、祝融九峰，又叫"九顶品"，通常人们也称作九峰山、九顶山，后因山中修建凌云寺而更名凌云山。灵宝塔就建在九峰之一的灵宝峰上，相传海通法师的骨灰就安入在灵宝塔中。史载灵宝塔始建于宋代，从形制风格看与西安小雁塔颇为相似。塔为四方形13层空心密檐式砖塔，中空，内实为5层，高约38米。自塔门入内，可经95级红砂石阶登顶。5层楼内均有佛龛，内设佛像。游客合顶眺望，可尽览嘉州风光。

在凌云九峰环抱中还有一座辉煌的寺

乐山大佛雕凿在岷江、青衣江、大渡河汇流处的岩壁上

凌云山与乐山大佛

宇——凌云寺。凌云寺旧名报恩寺，因寺前有大佛所在，所以又叫大佛寺。据记载，唐代各峰皆建有寺庙，保存至今的佛寺只有凌云一座了。该寺之得名，主要是临江崖上凿成的一尊弥勒佛坐像，它就是名扬中外的乐山大佛，又称凌云大佛。因此，人们又多把山上的凌云寺称为大佛寺。凌云寺始建于唐初，据《方舆胜览》记载："会昌前，峰各有寺"，可见会昌以前信佛之风的盛行。但到会昌年间，由于唐武宗李炎扬道抑佛，下令灭佛，凌云山寺庙仅凌云寺得以"工作精妙"而保存。唐代著名诗人、嘉州刺史岑参曾做诗赞叹："寺出飞鸟外，青峰载朱楼。""如

乐山大佛牌坊

乐山大佛

知宇宙阔，下看三江流。天晴看峨眉，如在波上浮。"可见当年凌云寺的巍峨宏大。凌云寺寺门高踞，飞檐凌空，红墙碧瓦，巍峨壮观。寺门正中高悬巨大金匾，上集苏东坡书"凌云禅院"四字。两旁联文是"大江东去，佛法西来。"此联言简意赅，既使人有佛法庄严之感，又表明了凌云寺所踞地理位置，还巧妙地将"大佛"两字嵌于其中，显示了这座千年古刹的不凡气势。凌云寺后废毁于元顺帝战乱，明代进行了两次较大修复，明末又被毁。现存的凌云寺绝

四川乌尤山

大部分是清康熙六年 (1667 年) 重新修建的。后来又经多次修葺，尤其是新中国成立以后的不断维修，我们才能看到今日的景象。殿门两侧分列着四座记事石碑，记载了历代重修的经历。凌云寺主体建筑由天王殿、大雄宝殿、藏经楼等部分组成，各为一重四合院，

峨眉山顶云雾缭绕

布局严整，丹墙碧瓦，绿树掩映。大门匾额"凌云寺"为清末著名书法家赵熙先生所题，为此在民间还留下一段佳话。天王殿前是参天古木楠树，盛夏季节，清荫宜人。殿外两侧分列着四座明清两代重修寺宇的碑记。殿内正中塑像为弥勒坐像，幡腹欢颜，俗称"大肚罗汉"。两旁分列四大天王塑像，攒眉怒目，威武雄壮。天王殿后为韦驮殿，供奉木雕装金的护法神韦驮。穿过天王殿，为明代建筑大雄宝殿，是僧众举行宗教活动的主要场所。殿内正中端坐释迦牟尼三身像(今身、应身、报身)，造型优美，神态庄重。两旁分列十八罗汉，神形各异，栩栩如生。大雄宝殿背面是新塑的净瓶观音，两边分列文殊、普贤、地藏和大势至四菩萨像，是明代以前的作品。寺内最后一重殿是藏经楼，原为寺内收藏佛教经卷的地方，于1930年新建。从它的结构和外形可以看到近代建筑风格，在寺宇中别具一格却另有一番

凌云寺

乐山大佛

东坡楼

情趣。楼下新辟"海师堂",塑有大佛建造者海通法师、章仇兼琼、韦皋的全身像，以此寄托后人对他们的敬仰之情。目前，凌云寺已开辟成"乐山大佛陈列馆"，馆内陈列大量实物、文献、图片和模型，展示了乐山大佛九十年建造史和历代保护维修史。

凌云山自古就是游览胜地，人称"上朝峨嵋，下朝九顶"。要瞻仰乐山大佛，则必先登凌云山。凌云山留下了许多诗文和摩崖石刻。苍松怪柏之下，古佛新亭之间，四处可见笔走龙蛇、意趣无穷的书法精品。大佛景区门内的"凌云义渡"四字

凌云山与乐山大佛

凌云山景观

记载了当年古渡义务服务的历史，大字旁还有小字注明"不收钱"，可见古人的一片仁者之风，颇令后人深思。"龙湫"之上的"龙"，长约三米，笔意连贯，大气浑成，人称"一笔龙"。凌云山碑林位于兑悦、祝融两峰之间的丛林之中，陈列有近二百通古今名人书法碑刻，多为凌云寺所藏书法珍品，由凌云寺文物保管部门拓刻而成。其中有黄庭坚、郑板桥、康有为、赵熙、郭沫若、张爱萍等人的墨迹，碑石均选用产自雅安的雅石。碑

大渡河铁索桥

凌云山一景

凌云山与乐山大佛

峨眉山金顶

林入口处石碑上的"诗书画"三字，为集邓小平手书而成。凌云山碑林是书法爱好者乐山之行的必到之处。凌云山周围还有东坡楼、竞秀亭等亭台楼阁。东坡楼也叫东坡读书楼。山上还有很多汉崖墓，有的悬崖深达十多米，周围有精细的雕塑，里面还有陶俑之类的陪葬品，这是四川特有的古迹。

乐山大佛

乐山大佛，位于岷江、青衣江、大渡河三江汇流之处的凌云山栖鸾峰西壁，是一尊摩崖石刻弥勒坐像。因地得名又称嘉州大佛、凌云大佛。大佛依山开凿，坐东向西，头顶苍穹，脚踏三江，远眺峨眉，近瞰嘉州。大佛通高71米，与凌云山齐平，魁伟高大，法相庄严，比例匀称。乐山大佛是唐代摩崖造像中的艺术精品之一，是我国古代最大的石刻造像，也是世界上最大的石刻弥勒佛坐像。大佛双手抚膝正襟危坐的姿势，造型庄严，排水设施隐而不见，设计巧妙。佛像开凿于唐玄宗开元初年（713

凌云山碑林入口处石碑上的"诗书画"三字，为集邓小平手书而成

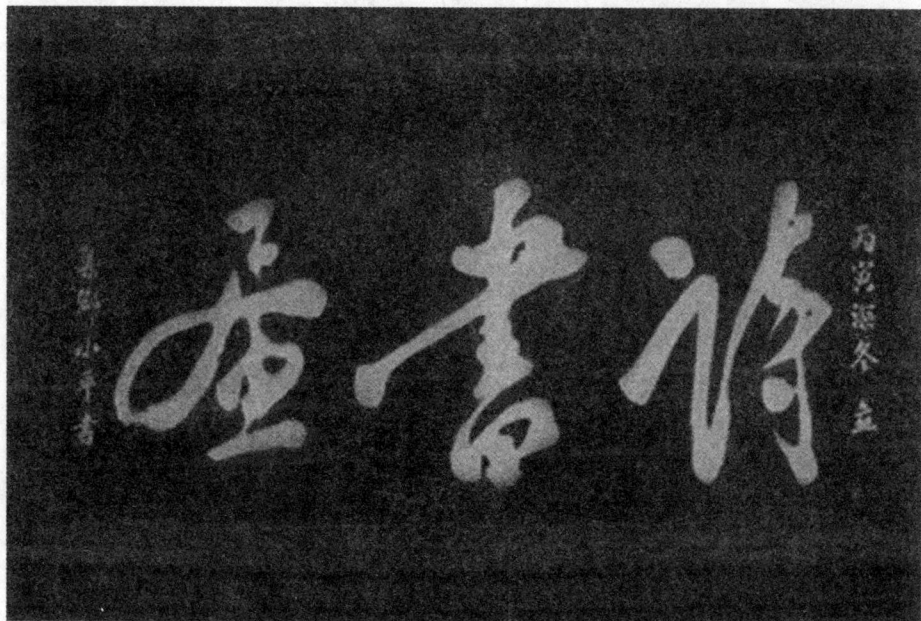

凌云山与乐山大佛

大渡河沿岸村庄

年），是海通和尚为减杀水势、普度众生而发起，召集人力、物力修凿的，至唐德宗贞元十九年（803 年）完工，历时 90 年。乐山大佛景区由凌云山、麻浩岩墓、乌尤山、巨形卧佛景观等组成，面积约 8 平方公里。景区属峨眉山风景名胜区范围，是国家 4A 级风景名胜区，闻名遐迩的风景旅游胜地。古有"上朝峨眉、下朝凌云"之说。

1996 年 5 月，联合国教科文组织世界文化遗产专家桑塞尔博士、席尔瓦教授到乐山大佛考察，对乐山大佛资源价值给予了充分肯定，称赞乐山大佛"堪与世界其他石刻如斯芬克斯和尼罗河的帝王谷媲美"。1996 年 12 月 6 日，峨眉山——乐山大佛以其雄伟神奇的自然风光、完好的生态环境和源远流长的佛教文化，被联合国教科文组织世界遗产委员会全票通过列入《世界自然和文化遗产名录》。它成为中国继泰山、黄山之后的第

乐山大佛

二 凌云山与乐山大佛

乐山大佛是唐代摩崖造像中的艺术精品之一

三处被列为"双重遗产"的风景名胜。

乐山大佛比山西大同云冈石窟最高的大佛要高出三倍，比曾号称世界最大的阿富汗帕米扬大佛（高 53 米）高出 18 米，是世界上最大的古代摩崖造像，被诗人誉为"佛是一座山，山是一座佛"。

发源于川西北大雪山的岷江，带着大量的雪水，滚滚南下。当它进入成都平原，来到乐山城下，已经是一条水面开阔的大江了。在这里，它同波涛汹涌的大渡河、水流湍急的青衣江汇合。汹涌澎湃的三江水汇聚在凌云山麓，惊涛骇浪如万马奔腾拍打着崖壁，每逢汛期，河水泛滥，船毁人亡的悲剧时常

发生。

　　据史料记载，有一位海通禅师在游历完峨眉山后，路经嘉州游访凌云山，他看到这里的水势汹涌，危急百姓的生命，于是以慈悲为怀的宏愿，凭借"石可改而下，江可积而平"的壮志，决心凭崖壁开凿一尊弥勒佛造像，欲凭借佛祖的无边法力，祛灾除害，镇抑波涛，普度众生，通过"断石疏波，以循其流"的方式，达到永镇江涛的目的，保证一方百姓的安全。

　　海通禅师的生平已无法考详，据唐韦《嘉州凌云寺大弥勒石像记》所载："开元初，有沙门海通者，哀此习险，厥唯天

乐山大佛创始者海通法师塑像

难，克其能仁，回彼造物。"至于海通禅师的其他情况，就只有明朝嘉靖年间乡贤彭汝实在《嘉定州创建九峰书院记》中提过"有黔僧因山凿像"的说法。照此推测，海通禅师应是唐代黔州一代的僧侣，但在该文的另一版本《九华书院记》中，却没有这个"黔"字。这就令人怀疑它是否为刻版手误造成的衍字？此外，在彭汝实之前和此后的文献中都没有关于此说的记载，因此，海通禅师是贵州僧人的推测就很难成立。海通禅师的身世之谜也只能等待更多文献资料的发现来证实了。

据韦皋《嘉州凌云寺人弥勒石像记》和明代彭汝实《重修凌云寺记》等文记载，乐山大佛是在唐玄宗开元初年（713 年）开始开凿的，完工于贞元十九年（803 年），整整花费了九十年的时间，历经了三代人和四位皇帝（玄宗、肃宗、代宗、德宗），真可谓前仆后继，艰苦卓绝。为了修建大佛，海通禅师历经千辛万苦，他的足迹遍及大江南北、两湖淮海等地，实地考察，化缘聚财，精选全国各地能工巧匠千余名，全力开凿大佛，这堪称唐代的第一大工程。工程开始后，海通禅师又亲自主持，在大佛旁边的一个岩

四川乌尤山景观

洞中工作，常常是与青灯为伴，忍耐酷暑严寒，年复一年，为了大佛的修建他费尽了心血。当时开凿的场面也是空前盛大的，据说，凿下的石头滚到江中，发出震耳欲聋的声音，吓得水怪也潜入水底，不敢再出来作怪。

正当佛财齐备，工程动工后，贪婪的官吏听闻此事，前来敲诈勒索佛财，海通禅师无比愤怒，义正词严地说："自目可剜，佛财难得"。贪官恼羞成怒，威胁说："尝试将来！"于是，海通禅师毅然决然的将自己的眼珠挖出。贪官见此情景也惊呆了，仓皇逃跑。现在人们在海师洞前看到的海通塑像

乐山大佛

乐山大佛依岷江南岸峭壁雕凿而成

双目有眶无珠，但神态刚毅，一副凛然不可侵犯的样子。海通法师这种不畏强暴，克诚其志的行为被后人称道，正是他的勇敢成就了建造大佛的浩大工程。

建造巨佛的工程浩大无比，漫漫无期，海通禅师没有等到工程完工就圆寂了。建造工程只完成了佛像的头部和胸部，不久就停工了。但是这样利国利民的工程就这样半途而废是人们所不愿意见到的，人们纷纷捐献善款，代理剑南西川节度使兼西川采访制置使章仇兼琼捐献俸禄二十万贯，将佛像修到了膝部；再由剑南西川节

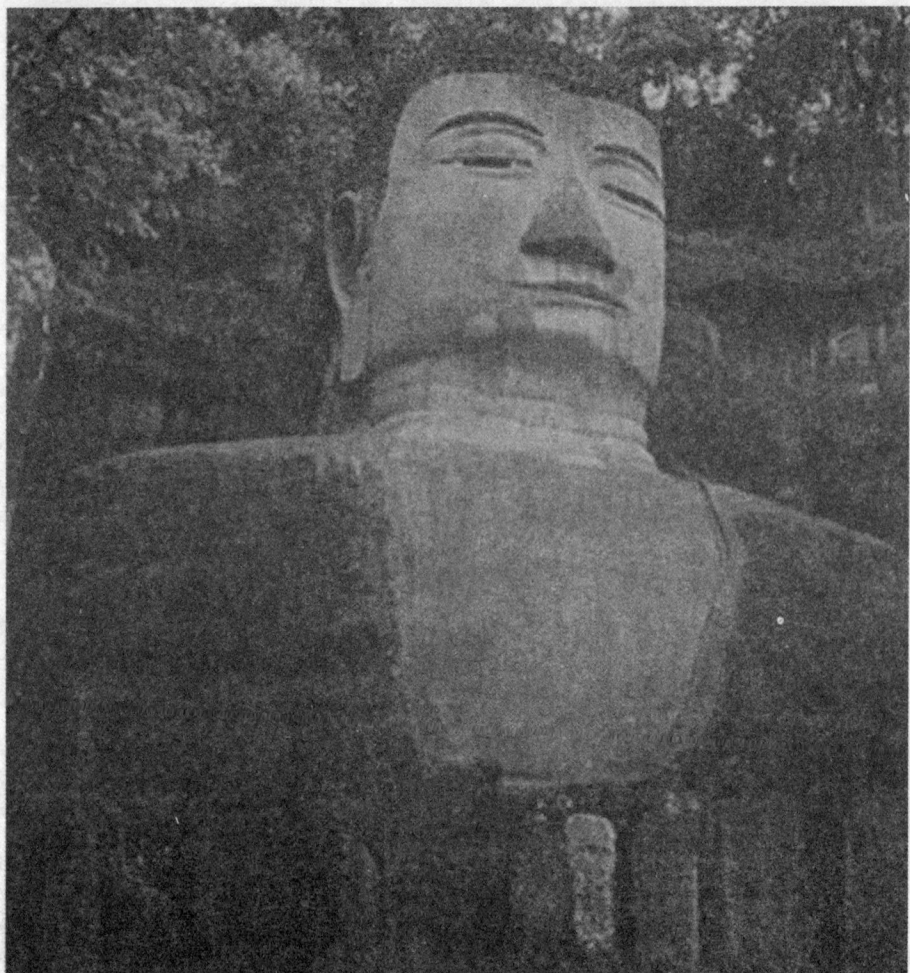

神态安详的乐山大佛

度使韦皋捐赠俸薪五十万贯继续修建，朝廷
也下诏将盐麻税款用于造佛，在各方的努力
下乐山大佛终于建成。关于韦皋主动承担起
续修大佛的重任还有一种说法。认为除了当
时朝廷上下崇佛的政治原因之外，还与韦皋
的身世经历有关。韦皋出身寒门，被岳父张

延赏轻视，于是，韦皋发愤图强，努力建功立业。因此，韦皋能够关心民间疾苦，造像行善。唐人笔记《云溪友议》谈到韦皋因怀念恋人，曾"广修经像，以报夙心。"这都是民间的猜测而已，不管怎样，韦皋能续建大佛就是一次伟大的善举。

最令人叫绝的是，乐山大佛整座佛像是依山开凿的，构成"山是一尊佛，佛是一座山"的宏伟气势。通高71米，头高14.7米，头宽10米，颈长3米，肩宽24米，眼长3.3米，鼻长5.6米，嘴宽3.3米，耳长7米，头上发髻1021个，脚背长19.92米，宽8.5米。大佛造像反映了唐代塑像艺术的风格，面容饱满，发髻高耸，细眼薄唇，

乐山大佛

海通法师与乐山大佛

神态静穆。据韦皋碑文载，乐山大佛"其余相好，一以称之"。"相好"是佛像必须具有的"三十二相"和"八十种随形好"的略称。这说明大佛是严格按照《造像度量经》上的比例尺寸施工的。按佛典的要求，佛像达到这个要求，才能体现其神通广大、佛法无边和普度众生的精神来。碑文还说"或丹采以彰之，或金宝以严之"，那是当时佛身上有的部位涂了颜料，有的部位贴了金箔或刷了金粉，还嵌了宝玉，而不是现在我们看到的抹了水泥或别的保护层的样子。

早在南北朝时期，依山开凿大佛的现象就已经出现了，山西大同的云冈石窟，河南

石刻弥勒佛坐像

乐山大佛

洛阳的龙门石窟，都能看到这种巨大的佛像。但当时，造弥勒像的还不多。直到唐代崇拜弥勒佛成风，按照佛教教义，弥勒佛是三世佛中的未来佛，象征着未来世界的光明和幸福，在佛祖释迦牟尼死后的五十六亿七千万年以后将接替佛祖的地位，于华林园的龙华树下广传佛法，普度众生。佛经说弥勒出世就会"天下太平"。真正使造弥勒像形成风气的，是中国唯一的一位女皇帝武则天。武则天曾下令编造了一部《大云经疏》，证明她是弥勒转世，百姓对弥勒的崇拜帮助她在男尊女卑的封建时代登上帝位。由于武则天的大力提倡，使全国塑凿弥勒之风大行。乐山大佛的修造距武则天时代仅二十余年，所以当海通修造乐山大佛时，自然选择了弥勒佛，而且弥勒佛是能带来光明和幸福的未来佛，这同平息水患的镇江之佛要求是一致的。造乐山大佛时，武则天已死多年，但这座像仍然造成了弥勒佛的样子。

佛教在唐代的二百八十年历史中，一直是思想领域的重要支柱。生产力和科学技术的发展，为佛教雕塑艺术的发展提供了优越的物质条件和技术基础。唐代修建的佛像，不仅数量众多，而且规模宏大、工艺精湛，雕刻水平令人叹为观止。这其中最大的一尊

唐卡文殊菩萨

乐山大佛

笑口常开的弥勒佛像

大佛城的众观音像

海通法师与乐山大佛

大佛正襟危坐，造型庄严

就是四川的乐山大佛。乐山大佛的开凿，也成为了盛唐经济和文化繁荣的一种见证。

中国佛教文化中，弥勒佛造像的变化是很大的，第一阶段是从印度传入中国的交脚弥勒；第二个阶段是具有"中国特色"的古佛弥勒；第三个阶段是布袋弥勒。乐山大佛是具有"中国特色"的古佛弥勒。照《弥勒下生经》所描述，弥勒佛像具有"三十二相，八十种好"，这就要求他的五官、头、手、脚、身都具有不同于一般人的特征。乐山大佛整个形体超凡脱俗，头上的发髻、阔大的双肩、高而长的眉毛，圆直的鼻孔都是按照佛教典籍的规定修建的印度佛像的"宽肩细腰"，在大佛身上荡然无存，取而代之的是壮实的

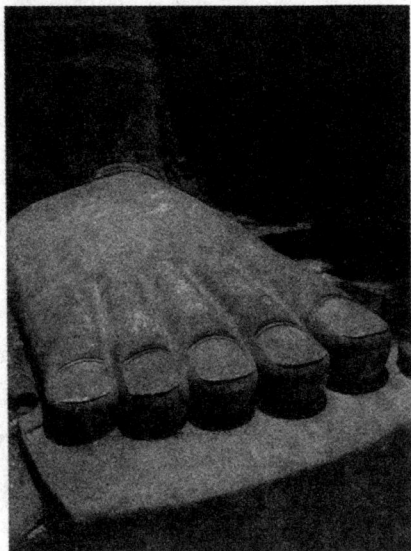

双肩，饱满的胸脯，体现了唐代以肥胖为美的风尚。乐山大佛坐立的姿势是双脚自然下垂，这与印度佛像也不一样，因为大佛是修来镇水的，这种平稳、安定的坐姿可以带给行船的人战胜激流险滩的勇气和决心。

布袋弥勒佛是根据中国五代时期的一个名叫契此和尚的形象塑造的。契此是浙江奉化县人，乐善好施，能预知天气和预测人的吉凶，经常拿着一个布袋四处化缘，在圆寂前他曾说"弥勒真弥勒，化身千百亿，时时示世人，世人自不识"，因而大家都认为他是弥勒佛的化身，寺庙里的弥勒佛也塑成了他的形象——一个笑口常

弥勒佛像

海通法师与乐山大佛

得難非佛劦可見自

海通禪師貴州人
樂山大佛始創者

樂山市大佛烏尤文管局建
一九八〇年

三 珍贵的摩崖纪事碑

千佛岩摩崖造像

开、大肚能容的布袋和尚。

（一）碑刻的内容

乐山大佛声名远扬，但是近年发现的大佛碑刻同样弥足珍贵。它虽然已经残破不全，但却是研究乐山大佛最具权威性的资料，也是至今为止我们可以找到的唯一一处关于大佛的原始文献资料。

1984 年在乐山大佛右侧的临江峭壁上发现了《嘉州凌云寺大弥勒石像记》摩崖碑刻，这是剑南西川节度使韦皋记述世界第一大佛建造始末的碑刻。乐山大佛最终由韦皋主持完成，为了让后世了解这一漫长而伟大的建造过程，唐贞元十九年（803 年）十一月五日，韦皋撰写、张绰手书了这块竖立碑文。因年代久远，仅有部分字迹可以辨别。其中有"贞元初天子命我守兹坤隅"的句子，写到"贞元初"时留有很多空白，而"天子"另起一行顶格写，并且"天"字略高。这种书写方式，只有在称呼本朝天子的时候才出现，因此可以推断，这块碑刻是唐德宗时期的真品。

灵宝塔

此碑刻在崖壁上，高约7米，宽4米，碑文共计800余字，其中270余字还清晰可辨，但是300多字因为风化严重只能对照典籍来辨析，其余的字迹几乎被磨平了。字体由张绰以行楷书就，每个字约三四寸大。因为目前还没有发现比这个更宏大的摩崖纪事碑，所以此碑就是迄今为止发现的最大的摩崖纪事碑，具有独一无二的价值。

令人遗憾的是，不知何种原因，这块碑在宋代以后就被湮没了。我们只能在文献中看到对它的真实描述。南宋张邦基《墨庄漫录》记载："《嘉州凌云寺大像记》，韦皋文，张绰书，其碑甚丰，字画雄伟。"明代成化十七年（1481年）嘉定知州魏瀚曾经重刻此碑，据推测是依据拓片而刻的，

珍贵的摩崖纪事碑

乐山凌云寺

但是现在这块碑也找不到了。到了清代顺治年间，诗人王世祯曾经到乐山寻找韦皋的碑记，但是也是空手而归。由于没有很好的保护，我们只能从清代嘉庆二年（1797 年）释礼汀印行的《凌云诗抄》和《嘉定府志》《乐山县志》中读到这篇珍贵的碑文。1945 年，凌云寺的住持果静请乌尤寺住持遍能补书重刻了这一碑记，嵌在了凌云寺天王殿外左侧，至今犹存。补刻的碑文与唐代原碑还是有些差异的。

（二）碑刻的价值

原碑详细记载了乐山大佛修建的相关信息，为我们研究乐山大佛提供了最真实的依

乐山大佛

据。

1. 碑文明确记载，发起修建大佛的是海通禅师，其后由剑南节度使章仇兼琼续建，最终由剑南西川节度使韦皋建成。碑文特别颂扬了海通禅师怒斥贪官，自剜其目，不畏强暴，慈悲为怀的高尚品格，它的字里行间都渗透着海通禅师为修建大佛所付出的心血。

2. 碑刻清楚的记载，乐山大佛的修建得到了朝廷、官员、僧侣等各界的大力支持。碑文叙述了海通禅师奔走八方，云游四处筹集佛款的经过，章仇兼琼和韦皋捐献俸禄资助建佛的善举和皇帝下诏以麻盐

摩崖石刻弥勒佛像

珍贵的摩崖纪事碑

税"实资修营"的事件。由此可见，乐山大佛是唐朝最大的一个工程，它集中了全国上下的力量才得以完成，是大家共同努力的结果。正是大家齐心协力才会有"万夫竞力，千锤齐奋"的壮观场面。

3. 唐碑准确记载了大佛开凿的时间。"开元初年"（713 年）开始，结束于"贞元十九年"（803 年），其间历时九十年之久。实际上这九十年包括了筹建和开凿的全过程，真正修建的时间是断断续续的，大约只有三十年。通过这段记载就可以知道这个工程经历了四个皇帝，他们每个人都见证了这一伟大工程

乐山大佛景区

乐山大佛

隔江眺望对岸城市

的建造过程，乐山大佛也因此具有了历史
的延续性。

4. 原碑还纠正了明代魏瀚立石碑以及
其后文字记载的疏误之处。由于魏瀚重刻
的石碑已经找不到了，因此只有根据清代
的《凌云诗抄》来了解唐碑的碑文，但是
其中难免有疏漏之处，这对于研究乐山大
佛就会造成一定的误解。例如，原碑刻的
韦皋官职是"云南安抚等使"，但是《凌
云诗抄》作"南安巡抚等使"。南安是秦
汉时代乐山的古称，巡抚这一官职却是明

都江堰宝瓶口风光

代才设置的，这一疏误是什么时候造成的已无从考证。其后的嵌壁碑也沿用了这一错写，直到原碑的发现，才纠正了这一流传数百年的疏误，也解开了这一谜团。此外，唐碑最后一行，有"节度衙前逐要许……"的字样，这几个字稍小于正文，"许"字以下模糊不清，不知还有多少字。由于辨认不清，所以以往的版本都没有它的记载。"解读衙前逐要"是个小吏，由此看来，这位许某可能是韦皋任命的负责管理修佛的官吏。

5. 碑刻上记载乐山大佛是弥勒佛，纠正了很多人认为是如来的争论。原碑题为《嘉州凌云寺大弥勒石像记》，指出佛像是弥勒

乐山大佛

佛，而《凌云诗抄》却称之为"古佛石像"，把"弥勒"改作"古佛"。从佛教的等级来看，弥勒还只是菩萨，因为他是释迦牟尼的接班人，最多也只能称之为"未来佛"。在韦皋碑刻的全文中，没有一个佛字出现，虽然他字里行间都在宣扬佛法无边。五代以后，相传浙江奉化布袋和尚契此是弥勒的化身，依照他的形象特征，塑造出欢颜袒腹的塑像，俗称弥勒佛。于是，凌云摩崖弥勒石像也就被众人称为了"佛"。

6.韦皋碑刻上发现了简体字。据专家考证发现，在二百七十余个可以清晰辨认的汉字中，有五个简体字，它们分别是

凌云摩崖石刻

珍贵的摩崖纪事碑

石门山摩崖造像

"弥""万""将""与""继"，与我国
现在通行的规范简体字完全相同，其中"弥"
字出现的次数最多。这座碑刻中发现的简体
字是目前见到的最早的简体字，这对于古代
汉字的研究具有重要意义。

　　唐碑的发现为乐山大佛的研究提供了第
一手资料，真实地记录了大佛的开凿者、开
凿目的、开凿时间等内容，为后世研究者提
供了历史依据，是弥足珍贵的文物，具有极

四　乐山大佛美在何处

大佛神情肃穆

高的史料价值。

乐山大佛脚踏三江，雄踞千载，看尽人间沧桑。它是千年的艺术精品，具有极高的美学价值，让世界惊叹！它那雄壮、庄严与和谐的美令世界各国游客流连忘返。

（一）与山齐顶的雄壮美

乐山大佛依凌云山栖鸾峰西壁开凿，通高 71 米，头高 14.7 米，肩宽 28 米，眉长 3.7 米，眼长 3.3 米，鼻长 5.6 米，嘴长 3.3 米，耳长 7 米，耳朵中间可并立 2 人，脚背宽 8.5 米，脚趾长 8.3 米，一只脚背上可以停放轿车十余辆或者围坐百余人。佛头与凌云山顶齐平，三江在佛脚处交汇，远远望去"百丈金身开翠壁"，雄浑之势直薄云天；登临佛脚，大抵只见佛的一趾、一足、一腿、一手、一耳，不能概览全部，顿感自身的渺小。乐山大佛的高大雄伟、刚劲挺拔，堪称世界之最。"山是一尊佛，佛是一座山"的雄壮美会令每一个观瞻者惊叹不已。

（二）建筑结构的稳固美

大佛上小下大，头部、肩部、胸部、臀部、膝部、直至脚部呈逐渐扩宽的态势，重心稳定，固如泰山。大佛开凿的目的是镇抑波涛，因此，只有佛身的高大稳固才可以显示出泰山压顶的气势，使得水怪也

山是一尊佛，佛是一座山

不敢出来作乱。此外，大佛采取了垂足倚坐的姿势，这更增添了佛体的安稳，就在这不经意间流露出"古佛临流都坐断"的气势。

（三）比例协调的匀称美

乐山大佛的规模要比真人大几十倍，但它各部位的设计，基本符合人体的结构，左右对称。这是因为在建造过程中严格按照佛教《造像度量经》上的尺寸要求施工的：乐山大佛以全身高为120分，其头顶肉髻高4分，由肉髻之根下至发髻长4分，面长12分，颈长4分，颈下到心窝为12分，由心窝到脐为12分，由脐至胯为12分。以上为上身

乐山大佛的巨足

乐山大佛

量，共60分，当全身之半。下身胯骨长4分，股长24分，膝骨长4分，胫长24分，足踵长4分，亦为60分。大佛宽度：由心窝向上6分，处横量至腋下为12分，由此下量至肘为20分，由肘向下量至腕为16分，由腕向下量至中指尖为12分，共为60分，当全身之半。左右合计为全身之量。在这一点上，乐山大佛就比其他的佛教造像胜出一筹。如此庞大的身躯，却不失匀称美，怎能让人不拍案叫绝。韦皋在《嘉州凌云寺大弥勒石像记》中赞誉乐山大佛"顶围百尺，目广二丈，其余相好，一以称之。"这种匀称美所产生的艺术魅力就在于它使人神的距离拉近了，一种亲切感油然而生。

（四）神情姿态的庄重美

大佛的头部不偏不倚，不俯不仰，正襟危坐，双臂沿上身与大腿直伸双膝，两脚平置，稳固的置于莲花宝座上，通身透出庄重和威严。脸部天庭饱满，地阁方圆，丰腴秀美，眉目清秀，威严肃穆中透出超凡脱俗的气质，但又不乏亲切慈祥。微微睁开的双眼注视着前下方，仿佛在洞悉人间的真善美与假恶丑。有学者认为，乐山大佛是海通禅师为大渡河船工设置的航标，大佛那"俨然圣容"的形象，

乐山大佛通身透出威严和庄重

乐山大佛

自然会给行舟于急流险滩上的船夫们一种安全感，那温文尔雅的神情也在昭示着慈悲为怀的教义。

（五）融于山水的和谐美

大佛并不是孤立存在的，在他的两侧雕刻着许多天王、力士、菩萨等，它们共同构成了一个其乐融融的佛教世界。大佛所处的凌云山，山上有九峰：集凤、栖鸾、灵宝、丹露、拥翠、望云、就日、兑悦、祝融，犹若莲花，风景秀美。丹露峰上的凌云寺、灵宝峰上的十三层唐塔、栖鸾峰上的东坡楼，形成了一组壮丽的奇观，真

乐山风光

乐山大佛美在何处

可谓"天下山水之冠在蜀，蜀之胜曰嘉州，州之胜曰凌云之寺。"远观只见大佛"带领群山来，挺立大江边"，左边有青衣别岛乌尤山，右边有翠绿葱茏的圣冈山相伴，万丈金身与山水不离，构成了一幅壮美的水墨画。山水与大佛相得益彰，山水因佛而更具灵性，佛因山水更显神采。无论从哪个角度望去，青山绿水、翠崖金身都是如此的和谐，使人在不知不觉中醉身于此。

（六）四季不同的变化美

不同的时空，大佛带给人们不同的景观感受。春天，桃花水涨，佛光普照；夏日，

道旁的翠竹显示出佛家宁静悠远的意境

乐山大佛

乐山大佛是中国的一张佛文化名片

江流奔腾，大佛庄严；秋天，群峰浓碧，
护佑苍生；冬日，青山不改，大佛安坐；
晴天，碧空无瑕，群山苍翠，大佛慈坐，
远望峨眉，祥云浮顶；雨天，雨打青山，
江心如雾，云蒸霞蔚。大佛的无尽美景，
令人如痴如醉，只有身临其境，才会体会

乐山大佛美在何处

从凌云山俯瞰城市

到它的魅力。

　　大佛的恢弘雄奇，凌云山的秀美迷人，令古往今来很多文人墨客遐想联翩。盛唐岑参有"凌云西岸古嘉州，江水潺潺绕郭流，绿影一堆漂不去，推船三面看乌尤"的咏叹；苏东坡写下"生不愿封万户侯，亦不愿识韩荆州。但愿身为汉嘉守，载酒时作凌云游"的绝唱。无数文人雅士、得道高僧留下墨宝，有的凿于崖壁之上，有的刻于石碑之上，他们从不同角度，对于大佛的奇观进行创作，

五 大佛细微处显神奇

凌云寺大雄宝殿内景

正是乐山大佛和周围的山山水水给予了他们创作的灵感。

观赏这尊摩崖造像，往往只能看到依山凿就的外表，看到大佛双手抚膝正襟危坐的姿势，而大佛各部位的结构则看不真切。其实在这尊巨大的佛像内部，藏着很多神奇之处，正是这些细微处的神奇和巧妙设计，才使得乐山大佛能够坐倚千年，看尽人世沧桑。下面我们就一起走进大佛去探究它的神奇吧！

（一）佛即山兮山即佛

"山是一尊佛，佛是一座山"这两句诗出自

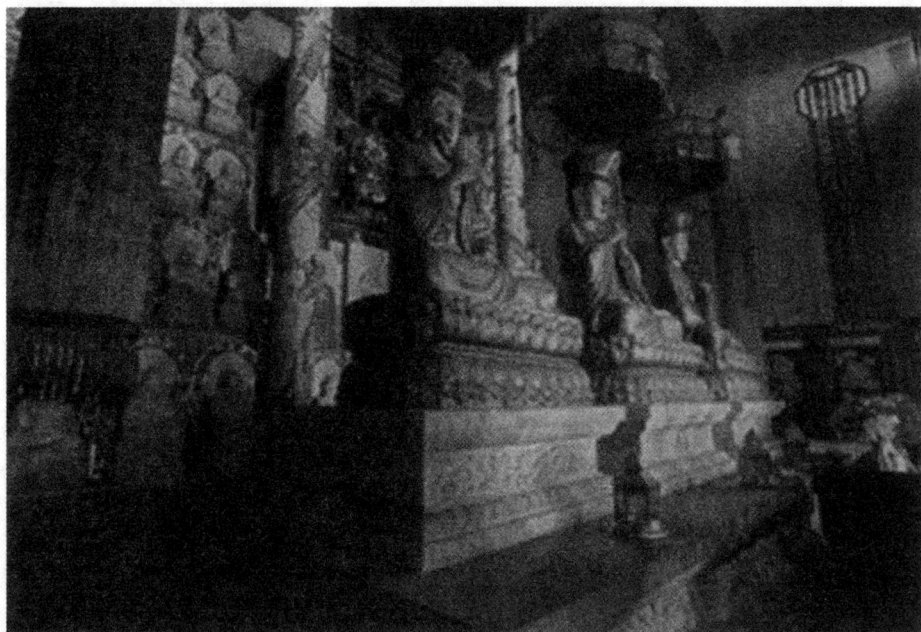

当代著名诗人戈壁舟在 20 世纪 60 年代写作的一首新诗《乐山大佛岩》。几乎所有论及乐山大佛的著作，都要引用这两句诗。它最能表现大佛雄壮宏伟的气势，是大佛诗词中引用次数最多的诗句。但是像这样生动形象的比喻并非戈壁舟独创。早在清嘉庆二年（1797 年）刊刻的《凌云诗抄》就收有一首类似的诗。这首诗是法名为了慧的高僧于清乾隆四十五年（1780 年）创作的。全文为："为访峨眉圣地来，初登觉岸紫云开。浮屠高拥千层座，大相威严百丈台。佛即山兮山即佛，魁非众也众非

魁。天然一幅难描画，展向嘉州识圣台。"面对山与佛浑然一体的奇观，任何譬喻都显得那么苍白，只有这两句最真实的描写，才更能体现出大佛的宏伟气势。

（二）百丈金身开翠壁

乐山大佛是依山开凿的，规模宏大，有的部位贴了金箔或刷了金粉，还嵌了宝玉，所以看上去金碧辉煌，与青山的翠绿相得益彰，于是也就有了"百丈金身开翠壁"这样的诗句。在大佛落成开光之际，当时还是韦皋幕僚的司空曙创作了《题凌云寺》，诗中写道："春山古寺绕沧波，石磴盘空鸟道过。百丈金身开翠壁，万龛灯焰隔烟萝。云生客

乐山大佛与青山翠绿相得益彰

乐山大佛

乐山大佛有着科学的排水系统

到浸衣湿，花落僧禅覆地多。不与方袍同结社，下归尘世竟如何。"司空曙"百丈金身开翠壁，万龛灯焰隔烟萝。"这两句诗有如一个全景式的特写镜头，将大佛的高大形象呈现在读者面前，同时鲜明的色彩对比，给读者以强烈的视觉冲击。翠壁崖间，端坐着石刻弥勒的"百丈金身"造像，两侧的崖壁上还雕刻着数以万计的小佛龛，朝拜者供奉的荧荧灯火，光影迷离，至今读这两句仍然能感受到来自盛唐的悠远气韵和大佛的神秘魅力。

（三）泉从古佛髻中流

乐山大佛经历了千年的风雨洗礼，却仍

乐山大佛的巨手

然能屹立在三江之上，不得不令人钦佩它的巧妙设计。大佛有着科学的排水系统，依赖它来减轻雨水和山泉对佛像的侵蚀。技艺超群的工匠们在盘绕于大佛头顶的 18 层螺髻中修砌了三条排水通道，形成了"泉从古佛髻中流"的奇异景观。在第 4、9、18 层，各有一条横向排水沟，分别用捶灰垒砌修饰而成。此外，在佛的颈后部位通向左右两耳处开凿排水洞穴，顺着两肩向下的衣纹褶皱形成天然的排水通道，两耳背后靠山崖处，有长 9.15 米、宽 1.26 米、高 3.38 米左右相通的洞穴；肩部后侧有长 9.8 米、宽 1.15 米、高 2.75 米的左右相通的洞穴；胸部背侧两端

各有一洞，左洞深 16.5 米、宽 0.95 米、高 1.35
米，右洞深 8.1 米、宽 0.95 米、高 1.1 米。
这些奇妙的水沟和洞穴，组成了科学的排水、
隔湿和通风系统，有效地避免了山洪、雨水
等对佛像的侵蚀。

　　大佛的这套排水系统不仅有很强的功能
性，而且也具有很高的欣赏价值。陆游在《凌
云谒大像》这首诗中形象地描绘到："泉镜
正涵螺髻绿，浪花不犯宝趺尘。"并注"一
泉泓然，正在髻下。每岁涨水，不能及佛足。"
凶猛的三江水在遇到大佛脚后只能败退而
去，所以在乐山民间有"大佛洗脚，全城撑船"
的谚语。乐山大佛依靠其科学的排水系统才

乐山大佛依山而凿

大佛细微处显神奇

得以安坐千年，使得三江汇流的水势得以减缓，佑护了一方百姓的平安。

（四）大像佛阁与山齐

韦皋在主持修建完大佛后，还建筑了一座大像阁，它像一个保护罩一样，"自头面以及其足"，将大佛通体覆盖起来，以保护大佛表面不致因风吹雨淋而变色脱落，同时前来朝拜的僧侣也可以通过大像阁上下往返，更好地瞻仰礼佛。

这座佛阁在北宋时期被称为"凌云阁"，恐因大佛所在的凌云山而得名。到南宋时期，"凌云阁"已被改称为"天宁阁"。范成大在《吴船录》中记载："凌云寺，寺有天宁

石匾

乐山大佛

阁，即大像所在，为楼十三层，自头面以及其足。"1962年，维修大佛时发现的残碑中，亦有"天宁阁"的字样。明末，又称作宝鸿阁。后来，王象之在《舆地纪胜》中将它称为"大像阁"，沿用至今。

关于大像阁的层数说法不一。范成大在《吴船录》中说"为楼十三层"、王象之在《舆地纪胜》中认为"建七层阁以覆之"、后来释志磐在《佛祖统记》中有"覆阁九层"之说，可谓众说纷纭，莫衷一是。大像阁毁于何时，也是说法不一。有学者认为，大像阁在宋末抗元时期被毁坏殆尽。《凌云诗抄》载："明末袁韬、武大定作乱，

大像阁碑文

大佛细微处显神奇

061

寺为灰烬，旧有佛阁，亦毁于兵。"到清代乾隆年间再建，至同治年间又毁，可见是屡毁屡建。1991年，在大佛身、脚、肩部发现保存完整的柱础，左右手臂两柱础直径达1.25米，柱础部位与两臂相应抬梁孔洞，排列在一条轴线上。佛窟两侧梁架孔洞对应在同一水平高度，屋檐遗迹在两壁上亦清晰可见。大像阁留给后人一个个难解之谜，薛能就曾发出"像阁与山齐，谁人置石梯"的疑问。

大像阁对大佛的保护作用已引起人们的高度重视。于是学者也有各自的主张。一是主张恢复重建古代"大像阁"，再现唐代"佛阁与山齐"的原貌。二是主张利用现代科技，

大佛胸内藏有众多文物

乐山大佛

将大佛的通身罩上玻璃钢罩，这样既不影响观瞻，又可以起到保护作用。三是主张在佛像头顶盖一个顶，无论哪种方案都还需要认真的论证，这是文化遗产保护的一个难题。

（五）销却金衣变草衣

嘉定是南宋王朝抵御元军的前沿阵地，战乱时间长达二十余年。宋军在凌云山和北面相邻的三龟山上修筑山寨，这就是抗元战争史上著名的三龟九顶城。它与嘉定城隔江相望，既可依山凭险固守，又可控制江防航运，形成一道完善的防御体系，阻挡了蒙古骑兵的多次进攻。直到 1275 年，倾巢出动的元兵将九顶城包围，宋军因为寡不敌众，惨败元军。

乐山大佛双耳长达七米，为木头制成

大像阁也难逃厄运，在这场战争中损毁了。

后来，大佛就这样裸露在风雨中，任凭"四季云烟罩佛头"。金碧辉煌的大佛渐渐变得"销却金衣变草衣"，失去了往日的光彩。

（六）垂垂两耳木为之

大佛的耳朵长达 7 米，出人意料的是它们是用木头做成的，范成人在《吴船录》中记载"极天下佛像之大，两耳犹以木为之"但是这样说是有根据的。在大佛右耳垂根部内侧，有一个深约 25 厘米的洞。1991 年维修工人从中掏出许多碎物，经文物专家仔细辨认发现是腐朽的木泥。由此可知，长长的佛耳，不是原岩凿就的，而是用木柱作结构，再抹上捶灰而成。在大佛鼻孔下端亦发现窟窿，内则露出3截木头，成品字形。说明不仅耳朵是这样结构而成，隆起的鼻梁，也是以木衬之，外饰锤灰而成。不过，这是唐代贞元十九年竣工时就是如此，还是后人维修时用这种工艺修补，已无从考证。

（七）发髻用石块嵌就

1962年对大佛进行维修时，统计出大佛头顶的螺状发髻共有1051个。这些发髻是用上千块刻有螺纹的红砂条石拼装嵌就而成，有的石块1米见方，刻有数个螺髻；有的是一石一髻。单块螺髻根部裸露处，有明

乐山大佛的发髻

九曲栈道

显的拼嵌缝隙，没有砂浆粘结。螺髻表面还抹有两层灰，内层为石灰膏，外层为黑灰色捶灰，厚度各为5-15毫米。1991年维修时，在佛像右腿凹部中拾得遗存螺髻石3块，其中两块较完整，长78厘米，顶部31.5厘米×31.5厘米，根部24厘米×24厘米。远看这些发髻和佛头浑然一体，真是巧夺天工之作。

（八）九曲栈道夺天险

在大佛右侧的石壁上，有一条与大佛同时开凿的险峻栈道，就是著名的"九曲栈道"。栈道自上而下盘旋九曲，长达三百多米，狭

九曲栈道奇陡无比

窄而且陡峭，最宽处为 1.45 米，最窄处仅有 0.6 米，共有 217 级石阶。栈道沿佛像的右侧绝壁开凿而成，奇陡无比，曲折九转，方能登上栈道的顶端。栈道起始于佛像右侧的竞秀亭，沿栈道而下，可到大佛脚底。绕过佛脚是位于大佛左侧的"凌云栈道"。峭壁穿洞，隐藏在乐山大佛左侧悬崖绝壁间。栈道开凿于 1983 年初，1984 年竣工，同年十月开放，全长约 500 米，与大佛右侧的九曲栈道一起构成一条回环曲折的旅游路线。途中可以俯瞰三江，眺望峨眉，在此抬头仰望大佛，会有仰之弥高的感觉。

佛龛造像

在栈道的第一个弯处，有十龛唐代石刻的佛像，但大多由于风化严重，已经消失殆尽。只有其中一组"西方净土变"的佛龛保存较好，雕工精细，人物线条优美，以亭台楼阁为背景，是研究唐代石刻艺术的珍贵资料。沿栈道而下，还会看见许多大大小小的洞穴，这些是当年建造大像阁时留下的柱孔。

（九）胸部内藏残碑

据1962年维修的负责人黄高彬和罗伯介绍，当时发现大佛胸部有一封闭的藏脏洞。开洞一看，里面装的是废铁、破旧铅皮、砖头等，而封门石竟是宋代重建天宁阁的纪事残碑。唐代大佛竣工后，曾建有木阁覆盖保护，以免日晒雨淋。从大佛膝、腿、臂、胸和脚背上残存的许多桩洞，证明确曾有过大佛阁。宋代重建之，称为"天宁阁"，后来被毁。但不知何年，因为何种原因，这天宁阁的纪事残碑竟然嵌在了大佛的胸部。维修者将此残碑移到海师洞里保存，可惜1966年被人毁坏。

（十）为何倚坐上千年

乐山大佛距今已有一千二百余年的历史，仍能安然无恙，正襟危坐，得益于它的合理设计。大佛最初开凿的初衷是镇抑波涛，

乐山大佛内部留下了许多珍贵文物

在选址和设计上，便最大限度的利用山势，尽可能高大些，以产生威慑力。采用"露顶开龛倚山大像"的形制，让大佛和山岩体融为一体，这样更安稳，不仅能抵御风雨的侵蚀，还可以防御地震带来的毁坏，这一点在 2008 年的汶川地震中已经得到了证实，大佛安坐千年和它的设计是密切相关的。

佛像采用坐东向西的朝向，处在凌云山栖鸾峰的阴面，凹进在崖壁之中，太阳只能在日落时才能照遍大佛全身，处于三江汇流之处，空气湿润，雨水充沛。加之，

大佛细微处显神奇

潼南大佛寺匾额

周围树林稠密，有遮风挡雨和护坡的功用，所有这些都使得佛像表面受风化的程度大大减小。

大佛千年安坐不仅和它的选址有关，而且和他的坐姿也有很大关系。这尊佛像完全符合人体比例，五官、肩膀、手脚都依中轴线左右对称。采用双手抚膝的倚坐姿势，构成了上小下大的塔式结构，重心下沉，这样都大大增强了它的稳固性。有研究者认为，大佛取倚坐的姿势，跟当时盛行的正四足椅的坐具有关。正四足椅有靠背，它综合了东晋南朝以来不同坐具的各种优点，坐时能将双足轻松自如的置于座前，靠背支撑躯干，

乐山大佛

安稳而舒适。虽然大佛的法座不是四足椅，但是它的高度完全是按照正四足椅的比例确定的。乐山大佛背不离山体，再取倚坐姿势，双手抚膝，使两臂略向前方倾斜，便于雨水外泻，对保护佛体很有益处。

（十一）有无莲花宝座

乐山大佛脚下有无莲花宝座，长期以来，众说不一，主要是由于对"大佛通高71米"表示怀疑才引出的一个未解之谜。1962年乐山文化部门维修大佛时，采取分段绳测计量出佛顶至脚踏平台及大莲花宝座的高度是71米。此后，相关单位也用现

乐山大佛脚下到底有无莲花宝座尚无定论

大佛细微处显神奇

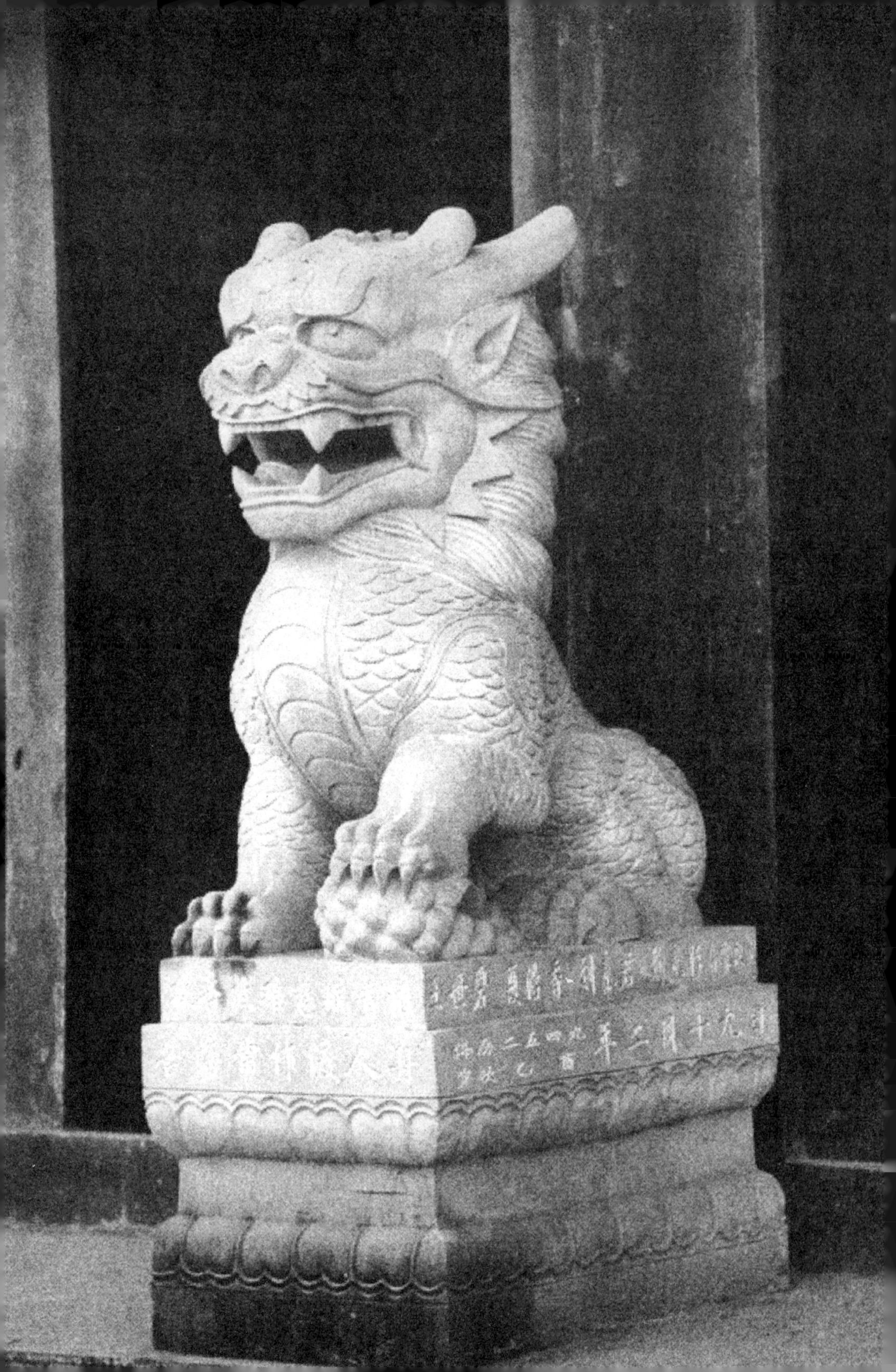

代化手段对大佛高度进行了测量，尽管数据各不相同，但是都在 60 米左右。目前最权威的数据来自于 1991 年国家文物局的测量结果，专家们采取近景摄影的科学方法，测出大佛自顶至脚板底 59.84 米，脚下所踏平台左边厚 2.02 米，右侧厚 2.16 米，共 62 米。

现在学者们争论的是所谓的通高应不应该包括乐山大佛脚踏平台之下的莲花宝座。由于长年累月的风化，目前已经看不出坐像以下有莲花宝座的任何痕迹。但是在史料中却又有"莲花宝座"的记载，韦皋在《嘉州凌云寺大弥勒石像记》中清楚的写着"莲花出水，如自天降，如自地涌"，这又作何解释呢？有人说"莲花宝座"就是指现在的脚踏平台，原来是莲花形，后经维修变为光滑的平台，这种说法很是牵强，维修也应该是最大限度的保存原样，不可能做这么大的修改。再者，根据韦皋的记载可以看出莲花宝座是出自水面的，并非指脚踏平台。另外一说认为，由于千百年来的淤积，河床水位提高，莲花宝座大部分没于水中，露出水面的部分也因为风化而无法辨认出当年的形状了。这种

潼南大佛寺大佛殿金摩岩大佛

大佛细微处显神奇

牛角寨大佛

种说法都只是一种猜测，大佛到底有无莲花宝座，其通高是 71 米，还是 62 米，至今还是一个谜。

（十二）牛角寨大佛是蓝本

文物专家一致认为牛角寨大佛时乐山大佛的蓝本之一。牛角寨大佛是在距乐山大佛 50 公里的龙泉山中的一座唐代大佛像。这尊佛像地处龙泉山脉，海拔在 760 米，四处群山连绵，所以人迹罕至，这尊佛也在山岩中隐藏了一千多年才被文物部门发现。

牛角寨大佛是牛角寨摩崖造像中最大的一尊佛像，位于四川省仁寿县城北 35 公里的文宫区高家乡鹰头村。大佛依山开凿，佛像与山岩融为一体。牛角寨摩崖造像主要由牛角寨、坛神岩两大部分组成。据当地年纪较大的老人介绍，寨上原有"大佛阁""观音堂"，人民公社化时期被拆除，千株古柏一伐而空。据仁寿县志记载，牛角寨系明末农民起义军领袖张献忠所修，现寨上建筑已毁，仅存一养马石缸。大佛坐高 15.85 米，宽 11 米，外貌清秀，面形丰满，眉似弯月，双目微睁，平视东方，嘴角微向上翘，发成螺髻，慈眉善目，神态安详，无论是造型还是神态都与乐山大

牛角寨风光

大佛细微处显神奇

佛极为相似。不同的是，乐山大佛是全身坐像，双手抚膝，而这尊牛角寨大佛却是半身胸像，双手合于胸前。这尊气势雄伟的佛像被文物界誉为"我国最大的也是唯一的一尊大佛胸像"，这种只造半身的佛像在中国的石窟造像史上还是很少见的。

据考证，牛角寨大佛始建于公元707年，比乐山大佛提前90年建成，这就不禁让研究者猜测这尊大佛是否与乐山大佛有关系呢？据文物专家介绍，在造乐山大佛以前，人们曾在地形相似的地方刻制过一些样品，牛角寨大佛距乐山大佛约50公里，从外形看，其外貌清晰，雕刻工艺、外形布局对称与比

牛角寨大佛

乐山大佛

乐山大佛慈眉善目

例都十分精确和完美。其造型与所雕刻的人物神态与乐山大佛极为相似：乐山大佛建于唐代，大佛通高 71 米，头高 14.7 米，直径 10 米，发髻 1021 个，肩宽 28 米。牛角寨大佛坐高 15.85 米，宽 11 米，头部也有数百个发髻，细唇微闭，慈眉善目；同样是山佛一体，乐山大佛是双手平放在双膝上，而牛角寨大佛却双手合于胸前；乐山大佛面临岷江、青衣江、大渡河三江，而牛角寨大佛面对的是鹰头水库和三岔湖。此外，当年曾任宋嘉州通判的南宋著名诗人陆游在乐山游历时，曾

乐山大佛

见到过乐山大佛的样佛，并写下了"云龛先定此规模，斜阳徒倚空三叹，尝试自古无"的句子。专家据此推断：在造乐山大佛前，人们曾在附近制造了一些模本，而牛角寨大佛应该就是其一。对于牛角寨大佛的下半身全部都是易碎石，专家们也给出了相应的解释：作为乐山大佛的试雕模本，古人只需对大佛最难的头部进行精雕细琢，因此，对选址无需做过多要求。

然而，与乐山大佛的风光八面相比，

牛角寨摩崖造像

大佛细微处显神奇

牛角寨大佛的命运却令人担忧。一尊依山而刻、山佛一体的巨大石刻佛像已经被新建的建筑物保护起来，披上了琉璃瓦建成的"大佛阁"。但是，大佛的左眼、鼻子、脸部因风化导致石层脱落露出"白斑"。大佛胸部岩石上古人所刻的"灵山福地"大字也快风化殆尽。石林中那2480尊小佛像只被印上"编号"，没有像乐山大佛附近的小佛像那样得到保护，没有任何护栏相隔，上面留满了行人触摸的痕迹，加上佛像日夜裸露于风雨中，已严重风化。而在一些石雕上还被人恶意涂画石灰、颜料等。作为乐山大佛的"兄长"，

牛角寨摩崖造像

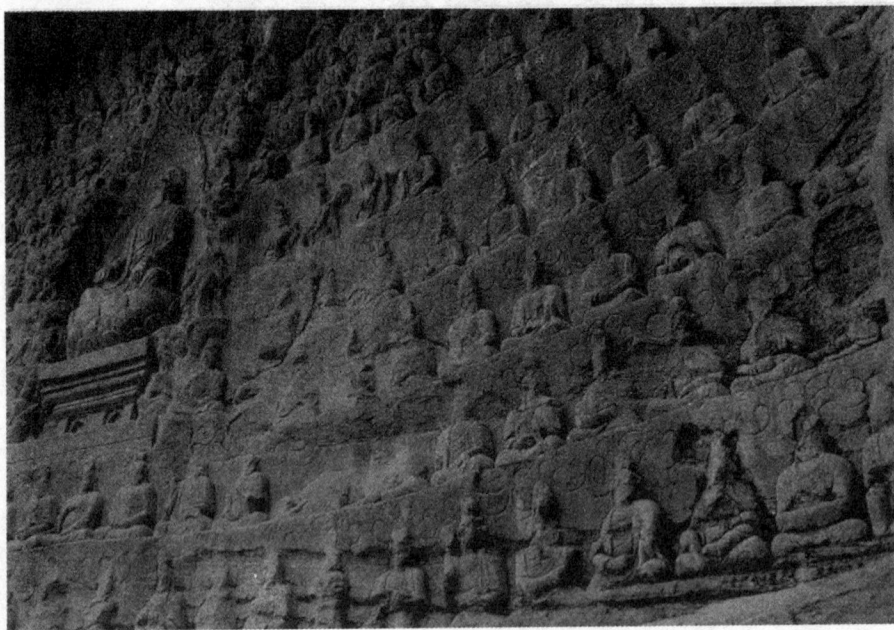

乐山大佛

牛角寨大佛应该得到相应的保护。

（十三）发现最早的大佛照

19世纪末20世纪初，西方的传教士、旅行家、商人等都漂洋过海来到中国，他们通过自己的观察和体验，写出了对这块陌生国土的感受，并出版成书。其中一位旅居中国的英国女士阿绮波德·立德尤为重要。她在华期间走遍了大江南北，写下了《穿蓝色长袍的国度》《熟悉的中国》《我的北京之家和环境》等著作。

《穿蓝色长袍的国度》主要收录了阿绮波德·立德在华期间的游记，对西方认识

乐山风光

大佛细微处显神奇

修葺一新的乐山大佛

中国产生了很大的作用。正是在这本书中记录了她在 1898 年到乐山考察的所见所闻。

她在书中写到："这里已经很美了，城墙以内到处是郁郁葱葱的树木和绿色的花园，这里是三条河流的交汇处，四周群山环抱，江中还有葱绿的小岛，红色的砂石山，还有亭子和古老的方塔，更不用提悬崖上刻的巨大佛像（即'乐山大佛'）。"

这本书中附了一幅一百多年前乐山大佛

的照片，这就是迄今为止发现最早的大佛照。据有关资料印证，这幅照片是1899年德国驻四川领事魏斯用玻璃干片相机拍摄的。这是一张乐山大佛的头像，佛头后侧站着一个人，人与佛像的巨大反差更加突出了佛头的巨大。从角度上来看，照片是在大佛左侧的山崖上拍摄的，由于年代久远，大佛黑白图照略显模糊。佛头上长满了灌木草丛，大佛面部已破烂不堪，双眼凹陷，鼻嘴之间藤蔓丛生，一片荒芜的景象，这也是那个时代的缩影。后来，经过维修，大佛才又重放光彩。

地藏菩萨像

（十四）乐山大佛成国家名片

邮票号称"国家名片"，乐山大佛的美景自然会受到邮票设计者的青睐。摄影爱好者们发现，四时不同大佛也变化万千：春天——凌云江畔万物复苏；夏天——三江水流湍急，烟波浩渺；秋天——蓝天碧水，大佛立于其中，更显伟岸；冬天——水雾弥漫，更有白雪飘飘，变幻莫测。这样的美景自然会吸引很多摄影爱好者前来采风。

上个世纪80年代，邮票设计师任国恩采用分割拍摄的办法，将乐山大佛的头、

大佛细微处显神奇

耳、脚等分割拍摄，制作了一套《乐山大佛》风光明信片。2003年4月28日，由河川摄影，王虎鸣设计、阎炳武雕刻的《乐山大佛》特种邮票也在全国范围内发行。这枚邮票采用的是乐山大佛的正面仰拍照片。该照片拍摄于20世纪80年代乐山大佛维修之前，佛像身上斑驳的痕迹，真实的再现了乐山大佛饱经沧桑的历史。设计师将佛像的头部特写作为正面全景图的陪衬并予以淡化，将大佛悠

石门山摩崖造像

乐山大佛

石门山摩崖造像

久的历史感立体的加以烘托，给人以丰富的想像，突出了"山是一尊佛，佛是一座山"的宏伟气势。

《乐山大佛》邮票的发行，对于提高乐山的城市形象，扩大乐山大佛的国际知名度都具有举足轻重的作用。

（十五）"乐山大佛"印章

2008年，四川籍著名篆刻家、书法家，中国当今陶印第一人周又郎先生以乐山大佛为题材，创作了"乐山大佛"印章，这个作品被推选入和谐杯全国书画摄影艺术大赛，受到大赛组委会的一致好评，并获得二等奖。这个"乐山大佛"印章重达24千克，通高

31 厘米，印面 19 平方厘米，用福建寿山石刻成，是周又郎先生在 78 岁高龄创作的又一杰作。印章上行篆"乐山大佛"四字，组成乐山大佛像的坐姿，既是字，又是画，还是印，也是诗，创意独特，有较高的艺术价值。据周又郎先生介绍，他从小就对乐山大佛情有独钟。"乐山大佛"印章从构思、定稿到雕刻制作完成共花了七天七夜时间。作品凝聚了周又郎先生对艺术的创新构思、审美情趣、执著追求和高超的技艺，也表达了一位艺术家对故乡，对"乐山大佛"的深情厚谊。

（十六）巨型睡佛的发现

游客们来到乐山一睹大佛尊容

乐山大佛

大自然的鬼斧神工，神奇造化，构筑了天下奇观。由乌尤山、凌云山、东岩山一隅组成的"巨型睡佛"这一绝世景观令世界惊奇。

　　1989 年 5 月 11 日，广东省顺德县冲鹤乡农民潘鸿忠在游览乐山大佛乌尤寺等名胜古迹返回途中，回首对岸，山水如画，欣然拍下了眼前的美景。在观赏照片时，无意之间发现乌尤、凌云、龟城山三山的形状如一个健硕的男子仰卧，自顶至踵人形悉具，形成了"佛中有佛"的奇观。于是在《乐山巨佛发现记》中称："今又一

天然巨型睡佛

大佛细微处显神奇

乌尤山、凌云山和龟城山构成乐山巨型睡佛景观

佛出世"，随后引起轰动。

"巨型睡佛"四肢齐全，体态匀称，安详地漂卧在青衣江山脊线上，直线距离约一千三百余米，仰面朝天，慈祥凝重。从乐山城区涵春门城楼上举目远望，清晰可见仰卧对岸的巨型睡佛，乌尤山似"佛头"，景云亭如长长的"睫毛"，山上的茂林修竹和亭台楼阁的剪影轮廓则构成了大佛高挺的鼻梁、微启的双唇和刚毅的下颌，栩栩如生，活灵活现。纵观佛身，系由凌云山之栖鸾、集凤、灵宝、就日诸峰构成。佛足为龟城山之一的峭岩，整个佛体，气势磅礴，惟妙惟肖。

更令人惊奇的是乐山大佛正好位于睡佛的心脏部位，符合佛教"佛在心中，心中有佛"的说法，于是乐山大佛与巨型睡佛就构成了一道"佛中有佛"的奇观。佛的整个体态十分逼真、自然、和谐，这是大自然无意的巧合，是天造地设的奇迹，一睡佛、一坐佛，一天然生就、一人工凿成。

（十七）乐山大佛维修第一人

乐山大佛至今已有一千二百余年的历史，在大像阁没有损毁之前，有着"百丈金身开翠壁"的辉煌。然而，大像阁被毁之后，大佛便收到风吹雨淋的侵袭，开始了"销却金衣变草衣"的历史。多少年来，

石门山摩崖造像尤以道教造像最具特色

大佛细微处显神奇

凌云山

石门山摩崖造像风格独具特色

乐山大佛

雕像手法写实，其"人味"多于"神味"

许多人都为大佛的维护作出了努力，在元代至正年间，第一位领导民间募捐大规模维修大佛的是凌云寺的一位僧人——千峰禅师。

关于千峰禅师的生卒年代已无从考证，只知道他的原名是李宗岳，本是元朝大都的一名狱吏，奉命押解一些流放到巴蜀南蛮之地的囚犯，途径嘉州凌云山，目睹了残垣断壁中依然屹立的大佛，于是"受佛感召，顿悟禅机"，感受到了佛界博大的胸怀，心中萌生善意："乃谓众囚曰：此谓当朝乱刑繁多不当，吾怜汝等故释之。"于是将三十多名囚徒全部释放了。私放囚徒触犯了朝廷，李宗岳便隐姓埋名，遁入凌云寺削发为僧，法号千峰。

千峰禅师结茅凌云山后，即"苦修经纶，重振寺宇，护法大佛。"元灭宋的战乱，使得凌云山上一片废墟，满目疮痍。千峰禅师结茅凌云之时正是凌云寺百废待兴之际，凌云寺的僧人们担负着收拾残垣，维修大佛的重任。于是，千峰禅师主动向寺院住持请缨，担负起了八方化缘，筹集资金，维修大佛的

石门山摩崖雕像为研究"佛道合一"的思想史提供了珍贵的史料

乐山大佛

崖面上群佛伫立，令人心生敬畏

莲花宝座之上的佛像

大佛细微处显神奇

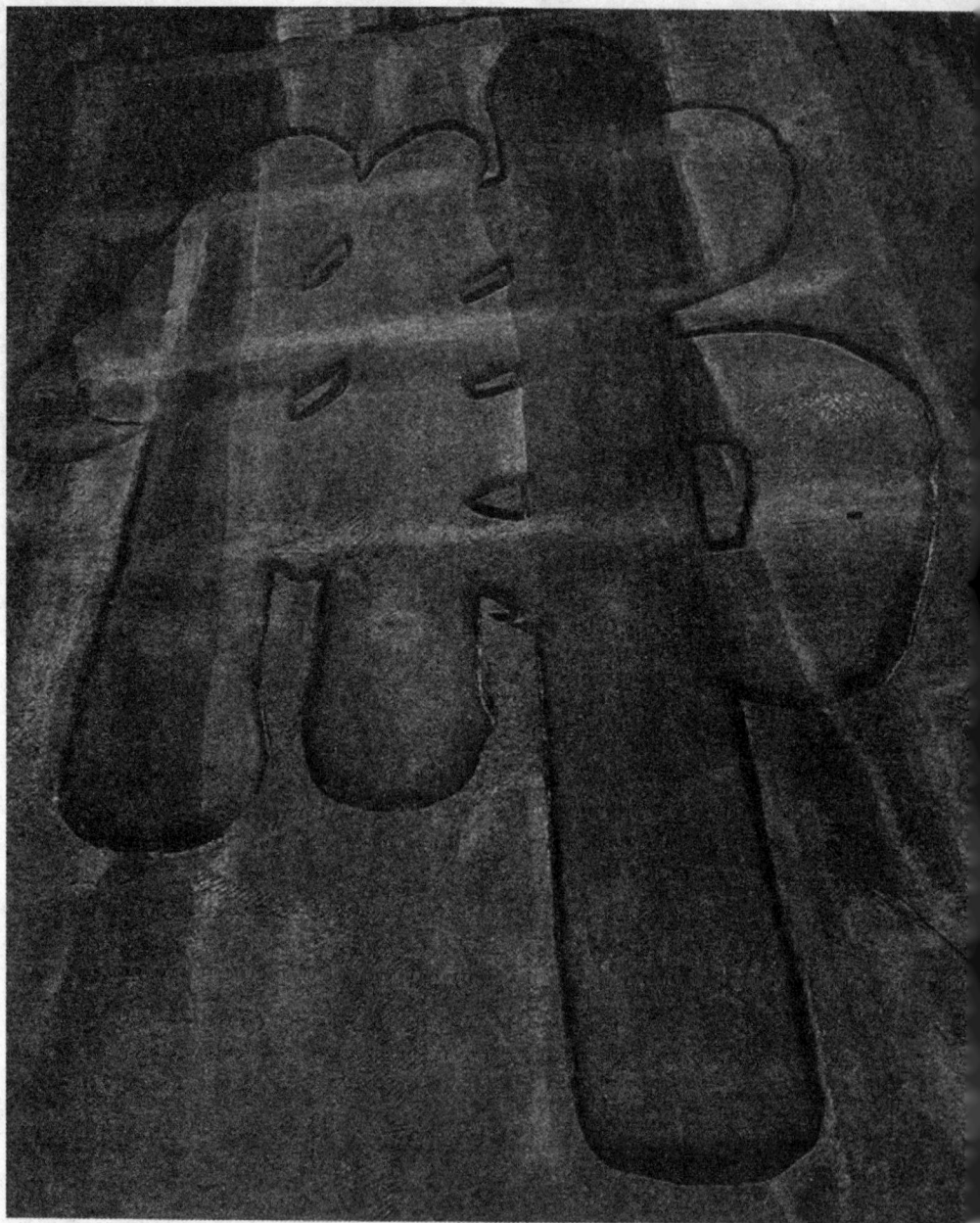

潼南大佛寺崖壁刻字

乐山大佛

重任。

千峰禅师数年风餐露宿、八方奔走，在他的努力下，山上的一些主要寺庙逐渐得到了修复，特别是乐山大佛得到了妥善的保护和维修。大像阁倒塌后残留在佛脚下的残砖断瓦被清理干净；大佛体表的杂草青苔被铲除；被损毁的佛体，特别是损毁严重的佛耳、佛膝、佛脚等得到了修补；被战火熏黑和剥落的面容也重新得到了粉刷；在大佛的发髻、头后、衣襟等处设置了排水系统，这些工作使得大佛又恢复了昔日的风采。

潼南大佛寺匾额

千峰禅师是当之无愧的维修大佛的功臣，这样一位高僧受到了世人的推崇和敬仰。据说他圆寂时，"盘膝而坐，手持捻珠，面容端详，俨然如生"，"肉身三百年不腐"，凌云寺的僧侣们一直将其肉身置于特制的佛龛中，作为"肉身菩萨"密藏膜拜供奉，直至明末清初还有人见过此肉身菩萨。后来，因为战乱，恐其遭受罹难，将其秘密转移到凌云山灵宝峰一带深埋，与海通禅师的雁塔相伴。此传说也因为年代久远，现已无从考证。

千峰禅师维修乐山大佛的善举，激励

大佛寺外景

峨眉山寺庙

着后世的人们，在他的精神感召下，历代都有过维修大佛的善举。新中国成立后，更是加大了维修的力度。为了纪念这位大德高僧，人们在灵宝峰海棠园附近的一处崖穴中新辟了一个景点——千峰洞，洞中有一尊新塑的

乐山大佛

六　乐山大佛重放异彩

"乐山大佛"石刻

千峰禅师的造像，洞壁还凿有反映千峰禅师生平事迹的浮雕，供游人瞻仰。

（一）乐山大佛的现状

乐山大佛在建好之初，形象光辉，金粉贴身，在宋代以后开始出现了损坏。当时开凿大佛时，设计者们考虑到乐山雨水充沛的自然情况，风化泉浸不可避免。因此，为佛体设计了排水、防风和防山泉冲刷等功能，还建造了木石结构的十三层楼阁——大像阁，使它避免风吹雨淋。但是大像阁被毁之后，大佛就露天落座，在烟霭荒草间变得面目全非。"可怜世历风霜苦，销却金衣变草衣"，"百丈金身"被杂草掩映，佛脸也破败不堪，一派荒芜。特别是到20世纪初，大佛脸上、身上长满了荒草灌木，眼、鼻、嘴也残破不全。1899年和1914年西欧人所拍摄的大佛照"像虽巨，然已破落不堪，不足与言考古，更不足与言审美"。

到了20世纪末，大佛佛体更加脆弱，出现了多处残损，特别是佛头、肩、胸等部位破损，"黑鼻"、"花脸"，色迹斑斑；眼角的"泪痕"，长期不去；头上的螺髻出现裂缝；杂草缠身，垃圾散落，这尊大佛当时只是气势尚存。

由于年久失修和雨水侵蚀，造成大佛残损

（二）乐山大佛破损的原因

造成大佛残损的主要原因是大像阁的损毁，使佛像失去了"保护伞"，在近六百年来大佛一直处于露天，经受日晒雨淋，势必会造成裂缝和脱落。特别是处于亚热带季风气候区，必然会对佛像具有侵蚀作用。

其次，大佛两侧的岩石是红砂岩，这种岩石具有稳定岩性好、抗震性强的特点，是很好的适宜于雕塑的材料。但是它的强

大佛寺内景

度不够，抗风化的能力低。加之，岩石长期受降水和山体渗透水的侵蚀，积水滞留于大佛的胸腹部，致使岩石强度降低，风化加剧；雨水和日照等自然作用及现代酸雨环境的污染，促使佛体表面出现岩体剥落现象。大佛基座受三条水力长期冲刷，水下岩坡淘蚀严重。在大佛像南北两侧250米范围内已形成冲蚀坑72个，最大坑深为4.7米，并且正在以每年0.3至0.4厘米的速度增长，专家预测，如果不采取措施，五百年后大佛就会倒塌。

再次，"生物侵害"也是乐山大佛伤痕累累的主要原因之一。我国科学家目前正在加强

乐山大佛

栈道

石门山摩崖造像入口处

乐山大佛重放异彩

寺出飞鸟外，青峰载朱楼

峨眉山风光

乐山大佛

四川峨眉山

对乐山大佛"生物侵害"项目的研究，并初步提出了防治生物侵害要按地衣、菌类、蕨类和高等植物进行综合防治。岩石风化一向是威胁乐山大佛等石质文物的最主要因素之一，它包括物理风化、化学风化和生物风化三种基本类型。目前，有关石质文物的物理和化学风化过程、影响因素以及监测手段等已受到文物保护工作者的广泛重视，但迄今为止，有关石质文物的生物风化及其侵害研究工作，在国内外都极少。生物风化对乐山大佛的侵害多种多样。例如细菌、真菌和地衣等微生物，通常以群落等形式覆盖在佛体岩石的表面，由于

风光秀丽的凌云山

它们能分泌使岩石风化的腐蚀剂，所以加速了大佛的风化。地衣和蕨类还能分泌各种酸性物质，对岩石的风化作用也有明显影响。草类、攀援性植物等高等植物的根系穿透能力很强，它们的种子发芽、幼苗定居和生长过程对岩石的破坏作用也很强，而且对佛体的光照条件、透气、透水性能都产生了影响。

最后，人世沧桑，野草枯荣。大佛不仅饱受风霜之苦，还要忍受人为的破坏。辛亥革命后，四川军阀混战，乐山许多名胜古迹都遭到破坏。1917 年，川、滇军阀争夺地盘，在乐山隔江开战，大佛面部不幸被炮弹所击，伤痕累累，虽然僧人果静筹集资金对大佛进行了维修，但是也很难恢复往昔的庄严法相。1925 年，驻乐山的军队，在大佛坝架起枪炮，把大佛像当成了枪靶，一时间大佛像前硝烟弥漫，佛身也被损毁。1939 年，郭沫若回乡游览大佛时，见到大佛满目疮痍的破败景象，于是写下了这样一段话："凌云是彻底的俗化了，而且颓废了，石佛化了装，一个面孔被石灰涂补得不成名器。"

到了抗日战争时期，日军对乐山进行轰炸，乐山城霎时变成了火海，幸运的是，大佛被一身绿衣掩映，才避免了这次劫难，大

乐山大佛

人们从未放弃对乐山大佛的维修

佛目睹了日军的罪恶。

"文革"时期，大佛被视为"四旧"，一群造反派在疯狂砸烂凌云寺的佛雕和神龛后，还企图在大佛身上安装炸药，炸毁佛像，幸好当时的很多民众极力反对，加之大佛实在庞大，炸药很难安放，乐山大佛这样才避免了一次毁灭性的劫难。

（三）乐山大佛的维修与保护

大佛的现状令人堪忧，为了保护好这一

乐山大佛

世界自然和文化遗产，漫长的维修工程开始了。

据史料记载，最早的维修是在 1914 年，主要维修大佛的头部。1929 年至 1934 年间，对大佛的头、肩、胸等部位进行过一次维修，大佛下颚部至下唇明显收缩。头顶螺髻由 1914 年前的下限平直至脑后，变成了鬓角处眉心痣上方也出现了螺髻装饰，使大佛眉目清新，面部光洁。1962 年大佛又进行过较大规模的修缮，把大佛原有的双曲线下唇，改为单曲线下唇。1972 年冬至 1973 年间，大佛再次进行较大规模的维修，清除了下大佛栈道的杂草垃圾，对损坏的

大佛见证了对面新城的崛起与发展

乐山大佛重放异彩

石梯进行了维修。九曲栈道的木栏杆改装为钢栏杆，大佛窟两侧的排水沟，佛身的裂缝也得到了修补。1989年对大佛的头部、栈道岩体和大像碑进行了加固。20世纪80年代末至90年代初，有关部门采用现代声、光、电等技术手段对大佛进行了全方位的检测测定，先后完成乐山大佛水下岸坡平、剖面形态图测绘，收集整理了有关大佛区域的地形、水文、地质、气象、大气污染等材料，为后续的维修工作作了先期准备。1994年至1995年间，对大佛进行较全面的清洗，修复佛头、胸、手、脚部，加固佛窟左边岩体，修缮栈道的梯道。1996年为申报世界遗产，维修了

乐山大佛每天迎接来自各地的游客

乐山大佛

乐山风光

大佛两胯凹部及右腿，用红砂岩石替换了
原来的青砖修补面。

　　但是以上这几次维修均是一种局部的
抢救性维护，并没有从根本上进行维修。
直到 2001 年 3 月 24 日乐山大佛第一期维
修工程正式开工，这次维修涉及大佛本体
的保护维修，是乐山大佛列入世界文化与
自然遗产以来的第一次，也是新世纪的首
次维修。工期历时一个多月，对大佛的头、
肩、胸、手、脚等部位进行了重点维修，
具体为实施清污修补，头部防水处理，对
古代排水系统清理疏通，对危岩进行加固。

乐山大佛重放异彩

凌云山景区正门

在维修的过程中，严格遵循不改变原貌、修旧如旧的原则，修补头部螺髻的破损面；清洁大佛面部，消除"黑鼻"、"花脸"，抹去"泪痕"；清除佛身垃圾杂草，去除佛肩不合理的水泥抹层，采用传统捶灰材料修补佛身裂缝破损部位等。

由于乐山大佛佛体庞大，仅头部、胸部、肩部的表面积就有五百多平方米，加之是在50米以上的高空作业，难度很大。专家们经过研究决定钢管脚手架采用悬空式搭设方案，在大佛背后山崖上预埋铁锚固桩，用钢绳拉扯加固。大佛本体上不打一根钢管桩，

使佛像本身不受任何损伤。

对于佛体表面的涂抹材料也是经过细心筛选，避免将大佛搞成"小白脸""大红脸"，最后选定一组与原生岩协调的实验块做样板材料。将熟石灰、炭灰、麻筋等原材料准确过磅，按一定的比例配方，以传统的人工搅拌方式制作出细腻、润泽的捶灰材料。工人们用这种捶灰修补好佛像表面的破损处和裂缝，然后分别用深灰色捶灰浆通刷头部螺髻，对大佛的脸、颈、手、脚等部位用肉色捶灰浆通刮腻子，基本达到大佛初建时的原色效果。为了使全

洞内残留的佛像

乐山大佛重放异彩

身的色泽一致，工人们将肩部原来的水泥抹层敲掉，然后再改用三合土作基层，仿红砂石砂浆对表面层进行补刷、作旧处理，使整体看起来协调一致。

针对生物侵害对大佛造成的危害，有关部门也采取了相应的措施。目前对乐山大佛的保护，只能是定期采用人工、机械等技术措施，清除佛体表面及周边岩石上的地衣、苔藓和禾草类生物，并进行修补，这很难从根本上解决岩石风化问题。由于乐山大佛处于亚热带季风性湿润气候区，又雕刻在容易

岩石风化是造成大佛破损的重要原因之一

乐山大佛

风化的红砂岩上，极易受到各种生物的侵蚀和破坏，并且其侵害已相当严重。但由于缺乏乐山大佛岩石生物风化的系统科学研究，目前还很难提出一套现成的适合于佛体保护的生物防治技术措施。科学家们正在研究这些附着在大佛表面的生物的新陈代谢活动、新陈代谢与风化的关系等，通过采用现代科技方法对侵害进行定量研究，以便找出它们对佛体岩石进行侵害的原因。为此，科学家们必须先进行大量系统而深入的基础研究，在探明诸如危害大

保护乐山大佛成为一个世界性的课题

乐山大佛重放异彩

佛的生物种类、危害产生的科学机制等基本问题的前提下，才有可能研制、开发行之有效的生物侵害防治技术。

乐山大佛已有上千年的历史，大自然对它的侵蚀远不是一个工程就能彻底修复的。如何保护珍贵的文化遗产，已经成为一个世界性的课题。乐山大佛的保护是一项综合的、生态的、科学的系统工程，是一项长期而艰巨的任务，需要我们一代又一代人的艰苦努力。乐山大佛维修工程的实施，仅仅意味着大佛建造史上最大规模的保护工程刚刚拉开帷幕，之后还将实施大佛佛脚防水冲击、防风化、佛身排水、新

地震前的汶川景色

乐山大佛

维修后的乐山大佛正以崭新的姿态迎接世
界各地的游客

修栈道、大佛基座平台扩展等重点保护项目工程。

　　维修后的大佛正以崭新的姿态迎接来自世界各地的游人。专家们评价维修的大佛"面部色度掌握较好，肤色红润，颜色又显陈旧，眼睛和眉毛的颜色经过反复调试也达到了比较完美的结合效果，给人以庄重、雄伟、慈祥之感，显示了健康的乐山大佛的形象。"

　　乐山大佛的保护不只是限于佛像本身，改善周围景区的生态环境是更重要的工作。减少周围的大气、噪音污染，加大对三江水等污染的治理，减少酸雨对佛体的侵蚀等等，以改变大环境来立体的保护大佛。对游客的

乐山大佛重放异彩

乐山大佛全景

数量也进行了规定，通过在大佛周边设立临时防护栏，实行单向流动，增设休息点等措施来分散游客，减轻景区负担。

　　尽管汶川大地震给四川省内许多景区带来了很大影响，但是峨眉山、乐山、九寨、黄龙无疑是这场灾难中的"幸运儿"。由于离震中比较远，世界自然和文化双遗产乐山大佛、峨眉山的各景点、文物都平安无事，这是值得我们高兴的事。乐山大佛作为双重文化遗产融会了丰富的有形文化和无形文化，具有很高的美学价值、历史文化价值和科学价值。它不仅是中国各民族的宝贵财富，也是全人类的宝贵财富。乐山大佛属"未来佛"，它虽有过辉煌灿烂的历史，但却经历了千年沧桑、百载劫难后终又喜逢盛世，希望更多的人走进这座石刻艺术的天堂，去寄托我们对明天的美好祝福。

乐山大佛